IF KEANU WERE *your* BOYFRIEND

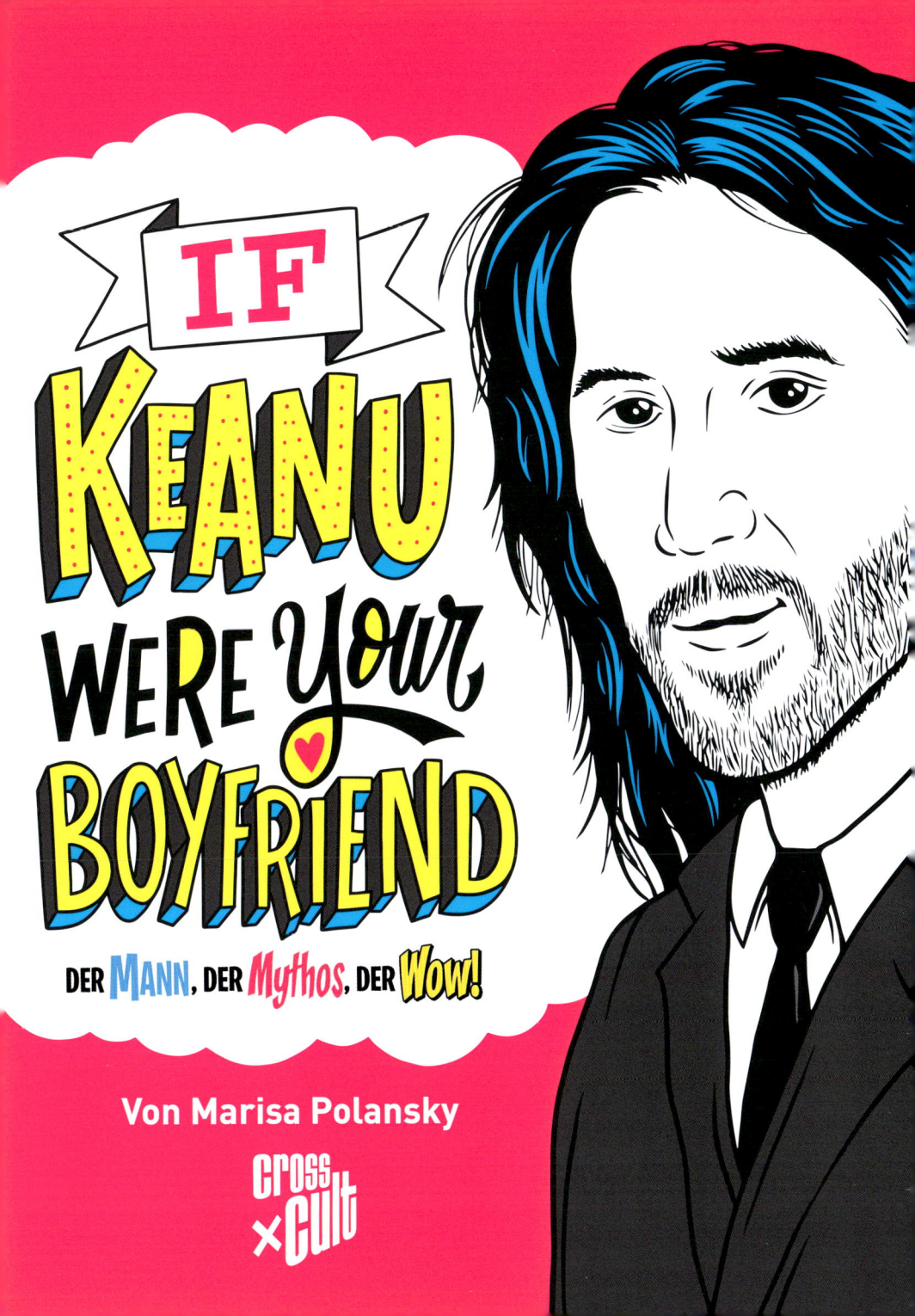

LIEBE LESERIN,

der Mann, der Mythos, der *Wow*. Keanu Reeves ist einer der bekanntesten und beliebtesten Schauspieler des zwanzigsten Jahrhunderts. Aber was wissen wir eigentlich *wirklich* über Keanu?

Betrachtet man seine beispiellose Karriere, seine guten Taten und ein Jahrzehnt voller schrulliger Interviews, merkt man schnell, wie gutherzig, bescheiden, nachdenklich und zielstrebig er ist. Kurz gesagt: Keanu ist der perfekte Freund.

Aber zuerst muss ich gestehen, dass Keanu Reeves nicht mein Freund ist und es auch wahrscheinlich niemals sein wird. Zumindest nicht in der Realität der roten Pille. Und so ist das, was jetzt kommt, eine traumgleiche Erzählung (ohne Bezug zum echten Keanu), basierend auf sechzehn Zitaten, die ich aus Interviews mit diesem Einhorn von einem Mann genommen habe.

Das ist deine Chance. Hiernach gibt es kein Zurück mehr. Nimm die rote Pille und die Liebesgeschichte endet, bevor sie beginnt. Nimm die blaue Pille und tauche ein in eine Welt, in der alles möglich ist. Selbst eine Beziehung mit Keanu Reeves.

In Liebe,

Marisa Polansky

PROMIS ...
SIND EIGENTLICH
WIE WIR.

Wer hat nicht gerne einen ganz normalen Freund, der ganz nebenbei zum sexiesten Mann der Welt gewählt wurde? Und obwohl er eines der berühmtesten (und seit seinem 1986er Debüt in *Bodycheck* auf wundersame Weise unveränderten) Gesichter hat, besteht Keanu darauf, dass er ein ziemlich normales Leben geführt hat. Und es ist offensichtlich, dass er wirklich so bescheiden ist, wie er behauptet. Er trägt seit Jahren dasselbe Outfit: Jeans, T-Shirt und einen Blazer mit farblich abgestimmten und oft zusammengeflickten Schuhen. Und obwohl er ein berüchtigter Motorradnarr ist, besitzt er nur zwei davon. Er fährt nicht nur wie jeder normale Bürger mit der U-Bahn durch New York, sondern pflanzt sich auch mal ganz nonchalant auf eine Parkbank und gönnt sich einen Snack. Er sagte einst: „Ich kann mich ziemlich frei durch die Welt bewegen. Niemand rastet aus." Das ist super, denn dann stört es ihn wahrscheinlich auch nicht, mal im Supermarkt reinzuschauen und sich das Duschgel im Sonderangebot zu kaufen. So kannst du ihn sogar noch riechen, wenn er weit weg am Set seines nächsten Blockbusters ist.

„ICH BIN NUR EIN GANZ NORMALER TYP."

WIR WÜRDEN KEANU ÜBERALL HIN FOLGEN.

Ein Typ so nett, bescheiden und höflich wie Keanu kann nur aus einem Land kommen: Kanada. Keanu Charles Reeves Reise begann jedoch auf der anderen Seite der Erde, am zweiten September 1964 in Beirut. Als Sohn einer britischen Mutter und eines amerikanischen Vaters mit chinesisch-hawaiianischen, britischen und portugiesischen Wurzeln kam Keanu mit seiner Familie ordentlich herum, bevor sie sich in Toronto niederließen. Dort wuchs er mit Eishockey auf und flog sogar ein Mal von der Schule (kann man von der Schule fliegen, weil man zu perfekt ist?). Sein Name ist hawaiianisch und bedeutet so viel wie „Kühle Brise über den Bergen", aber er hat eher eine ganz eigene Art, jeden Raum aufzuheizen, den er Betritt.

„DAS WAR EINE FANTASTISCHE REISE."

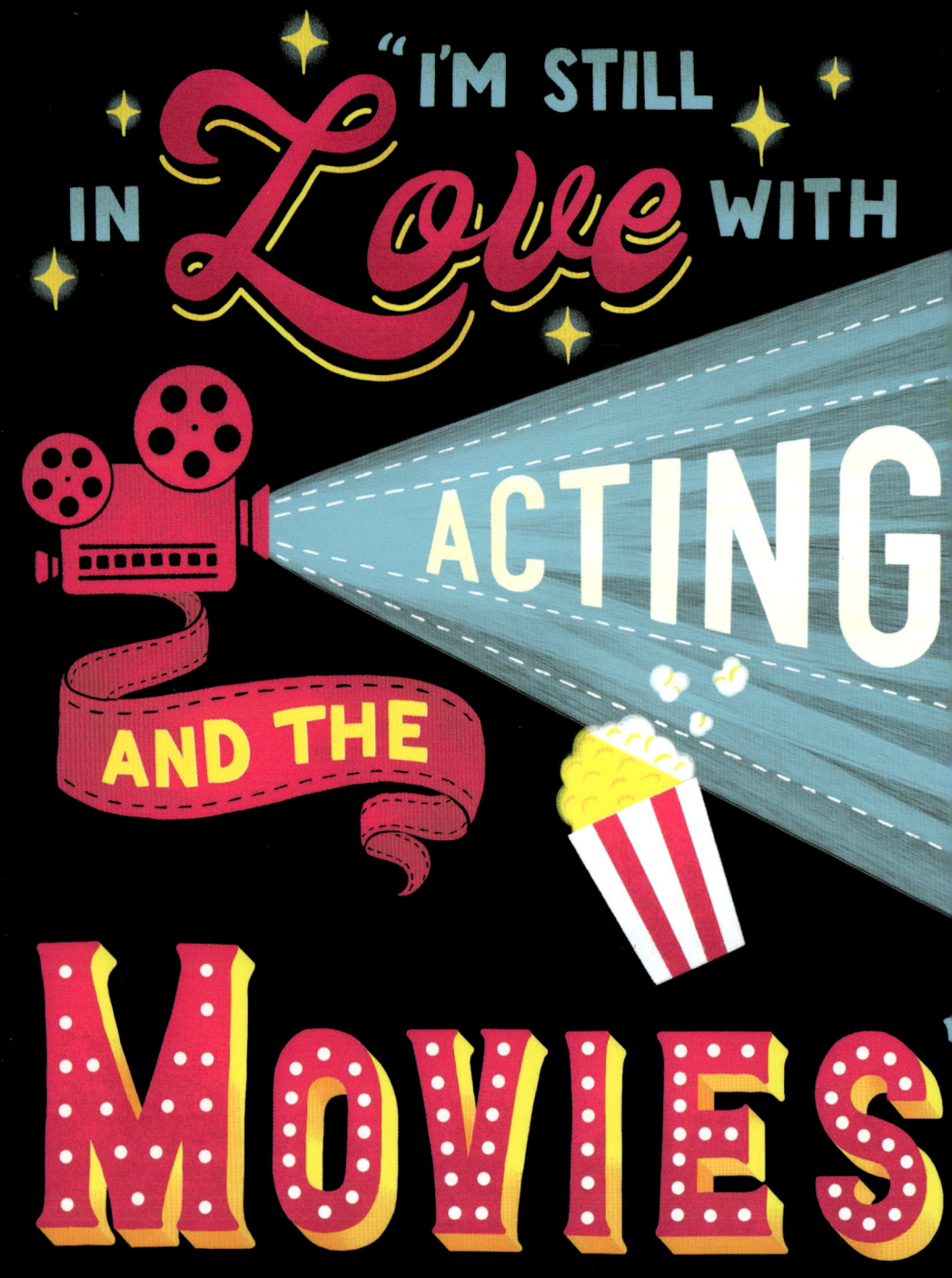

WIR SIND AUCH IMMER NOCH VERLIEBT!

Niemand mag es, wenn der Freund in etwas anderes „verliebt" ist, aber du wirst bestimmt glücklich die zweite Gitarre neben Keanus geliebter Karriere spielen. Für dich ist er nur dein „Schatz", aber vergiss nicht, dass er auch der Schatz ganz Amerikas ist. Keanus jahrzehntelange Karriere hat über fünfzig sehr beliebte Filme hervorgebracht. Er brachte uns zum Lachen in *Always be my maybe*, in dem er eine Karikatur von sich selbst spielte, ließ uns als hundeliebender Killer *John Wick* laut aufschluchzen und uns als … ähm, Computernerd-wird-mächtiger-Krieger in *Matrix* an unserer Existenz zweifeln. Stell dir nur mal vor, Keanu steht so sehr zu dir, wie zu seiner Karriere und zitiert (sich selbst?!) aus *Always be my maybe*: „Hi Baby, ich habe dich so vermisst. Ich habe dich so sehr vermisst. Ich hab dein Herz vermisst. Ich habe dein Licht vermisst. Ich habe deine Seele vermisst. Ich habe deinen Geist vermisst. Ich habe deine Augen vermisst."

„ICH BIN NOCH IMMER VERLIEBT IN DAS SCHAUSPIELERN UND DAS KINO."

NENNE ES NICHT COMEBACK.

Hier kommt ein Quiz, Schlaumeier. Du datest einen Typen, der mit jedem Jahr heißer und interessanter wird. Was machst du? Was machst du?! Obwohl er Mitten im Leben steht und schon seit Jahrzenten in der Filmindustriere arbeitet, wird er als das „Comeback Kid" verschrien. In den letzten fünf Jahren hat er sechs Filme gedreht und diese *Reevolution* scheint nicht aufzuhören, denn bald steht noch der herbeigesehnte dritte Teil von *Bill & Ted* an. Das Franchise, das Keanus Platz im Kanon der Popkultur und in unseren Herzen verankert hat. Genau wie bei *John Wick* hoffen wir, dass er zurück ist und nie wieder verschwindet.

„MIT DEM ALTER KOMMT ERFAHRUNG ODER MIT DER ERFAHRUNG KOMMT DAS ALTER. EINS VON BEIDEN."

LIEBE IST EIN SCHLACHTFELD.

Du würdest einen Sicherheitshelm tragen, eine Schutzbrille und einen ganzen Chemikalienschutzanzug, wenn sich Keanu Reeves deswegen Hals über Kopf in dich verlieben würde. Ehrlich gesagt ist es aber schwer herauszufinden, wenn er jemanden mag. Keanus Privatleben ist selten in den Zeitungen und es gibt nur wenige neue Fotos von ihm mit seinen Freundinnen. Laut Gerüchten hat er die Regisseurin Sofia Coppola gedatet sowie die Schauspielerin Parker Posey. Aber es heißt, dass er sich auch mit unbekannten Mädels umgibt – was gut für dich ist. Die Wahrheit ist, dass Keanu nicht viel von seinem Leben preisgibt und das ist gut so. Dann bleibst du so anonym und unbekannt wie du immer warst und er bleibt einzig und allein dein.

„ES MACHT SPASS, HOFFNUNGSLOS VERLIEBT ZU SEIN. ES IST GEFÄHRLICH, ABER ES MACHT SPASS."

WO KEANU IST, IST ZUHAUSE.

Wer hat schon was gegen gemütliche Typen? Warum solltest auch du jemals aus dem Haus gehen, wenn Keanu darin wäre? Er behauptete einst nichts mehr zu lieben als ein eiskaltes Glas Schokoladenmilch und gab zu, dass er an einem besonders traurigen Silvesterabend ganz allein daheimhockte. Aber ein Leben mit Keanu würde nicht nur aus Netflix und Chillen bestehen. Auch wenn es für dich in Ordnung wäre. Manchmal zückt er angeblich auch gerne seine Platten und versucht sich bis vier Uhr morgens als DJ. Wenn das nächtelange Partys mit Keanu bedeutet, der Songs von seiner Band *Dogstar* auflegt, bist du sicher die erste, die sagt: „Party on!" Dafür legst du dir glückstrahlend eine neue Morgenroutine zu, die eine doppelten Matcha-Latte und ein Extrapaar Augenmasken beinhaltet.

„ICH GEH' NICHT OFT RAUS."

GEMEINSAM IST MAN STÄRKER.

Keanus Leben war nicht ohne Tragödien. Eine unruhige Kindheit zwang ihn ständig umzuziehen und schnell aufzuwachsen. Nachdem er nach Hollywood gekommen war, wurde sein Herz des Öfteren gebrochen. Vom Verlust von Freunden und geliebten Personen wie zum Beispiel den seines engen Freundes und Co-Stars in *My Private Idaho*, River Phoenix. Aber in all der Zeit blieb er unverwüstlich, verletzlich und geistesgegenwärtig. Er sagte: „Nach einem Verlust musst du dein Leben wieder für dich erobern. Du darfst dich nicht überwältigen lassen. Das Leben muss weitergehen ... das Leben ist wertvoll." Und das Leben ist sicher noch wertvoller, wenn ihr beide euch gegenseitig unterslülzl.

„TRAUER VERÄNDERT SEINE FORM, BLEIBT ABER FÜR IMMER."

KEANU, DIE BESTE ERFINDUNG SEIT GESCHNITTENEM BROT.

Natürlich ist Keanus Lieblingsessen massentauglich, da er zweifellos ein Mensch des Volkes ist. Während sich seine Kollegen vielleicht Champagner wünschen, sind seine Träume weniger Kaviar und eher Rauchfleisch. Dein Mann ist leicht zufriedenzustellen. Sein Lieblingssandwich ist ganz einfach: „Ein heißes Pastrami-Sandwich mit russischem Dressing und Senf. Auf Roggenbrot. Mit einer Dillgurke. Geviertelt. Mit ein paar Kartoffelchips. Und Coca-Cola mit Eis." Okay, schon ziemlich speziell, aber noch immer machbar. Das ist jedoch nicht das Sandwich, das er auf dem ikonischen Foto von 2010 in der Hand hielt, als er traurig auf einer Parkbank saß. Deswegen sieht es vielleicht auch aus, als wäre es ein Outtake aus dem Ende von *Sweet November*. Zum Glück hat Keanu bestätigt, dass er gar nicht ständig traurig ist. Er sieht sich eher als glücklichen Typen. Und natürlich ist er das. Er hat dich ... und Kohlenhydrate.

„MIT EINEM LECKEREN SANDWICH IST DAS LEBEN GUT."

HÖRST DU, WIE ER *WIR SAGT?!*

In welcher berühmten Rolle sagte Keanu folgende Worte: „Ich weiß, dass ich nichts weiß?" Ach, egal, das war Sokrates. Aber genau wie der berühmte togatragende Philosoph sucht Keanu nach der Wahrheit (und er würde auch super in einer Toga aussehen!). Er hat mit Mönchen im Himalaya meditiert und sogar Buddha in einem Film gespielt. Einen so erleuchteten Mann zu daten würde es absolut unmöglich machen, sich über kleinere Dinge zu streiten wie zum Beispiel, wer wieder die leere Milchpackung im Kühlschrank gelassen hat. Wenn es aber je dazu käme, würde er wahrscheinlich ganz sanft sagen: „Ich glaube, jeder muss nach seinen eigenen Antworten suchen. Und sie finden." So werdet ihr beide euch also nach vielen gemeinsamen Jahren Arm in Arm am Abend eures Lebens finden, und bis zum Ende nach Antworten suchen – Asche zu Asche, Sternenstaub zu Sternenstaub.

SIND ALLE STERNENSTAUB, BABY."

LIEBE KOSTET NICHTS.

In seiner jahrzehntelangen Karriere haben Keanus Filme über 4,9 Milliarden Dollar eingespielt. Obwohl Hollywood dafür bekannt ist, sehr wankelmütig zu sein, gibt es keinen Grund, sich über Keanus finanzielles Schicksal Sorgen zu machen. Dein Mann ist bereit von der Hollywood-Welle zu surfen und sich seinen anderen Geschäftsfeldern zu widmen. Er hat Dokumentationen produziert, Regie geführt und eine Produktionsfirma gegründet. Er hat sein Hobby in ein Geschäft verwandelt und seinen eigenen Motorradladen aufgemacht, der Custom-Motorräder baut und verkauft. Und er ist sogar der Autor eines Buches. Beweis genug also, dass Keanu genug in der Hinterhand hat. Bei so einem Vermögen müsst ihr euch nie wieder Sorgen über die Studiengebühren eurer Kinder machen.

„DU MUSST STÄNDIG FÜR DEINE KARRIERE KÄMPFEN."

MANCHE MÖGEN'S HART.

Man mag kaum glauben, dass nicht jeder Tag mit Keanu ein Wolkenspaziergang ist. Aber selbst wenn es auch mal harte Tage gibt, hat dein Freund genug Mittel, sie durchzustehen. Keanu ist bekannt dafür, seine eigenen Stunts zu machen. Er hat sich im Training für *John Wick 3* drei Rippen gebrochen, weil er neunzig Prozent der Action selbst ausgeführt, monatelang verschiedene Kampfstile gelernt und sogar ein professionelles Schiesstraining bekommen hat. Am Set von *Speed* warnte ihn der Regisseur vor dem gefährlichen Sprung aus einem fahrenden Auto, aber Keanu ließ sich nicht davon abbringen. Er übte heimlich und am Drehtag schaffte er den Sprung. Ganz egal wie viel Keanu am Set abbekommt, er kann froh sein, dich zu haben. Dich, die ihn gesundpflegt, bis er wieder bei 100% ist und sagt: „Vaya con Dios, Amigo."

„ICH MAG EINEN HARTEN TAG."

"IS READING A HOBBY?"

DU *SOLLTEST* EIN BUCH NACH SEINEM UMSCHLAG BEURTEILEN.

Oh süßer, bücherliebender Keanu. Ja, Lesen ist *definitiv* eins seiner Hobbies und du würdest sogar *Herr der Ringe* lesen (eins seiner absoluten Lieblingsbücher) wenn du dich dabei neben ihn in seine Leseecke kuscheln kannst. Du musst dich allerdings nicht in eine Fantasiewelt flüchten, denn du hast bereits dein Happy End mit Keanu. Viele glauben, dass Keanu ein Eierkopf wie „Ted" Theodore Logan ist, aber alle, die ihn wirklich kennen, behaupten genau das Gegenteil. Er fährt total auf Proust ab und kann spontan Sonette von Shakespeare rezitieren. Und ja, lieber Keanu, du kannst uns mit einem Sommertag vergleichen.

„IST LESEN EIN HOBBY?"

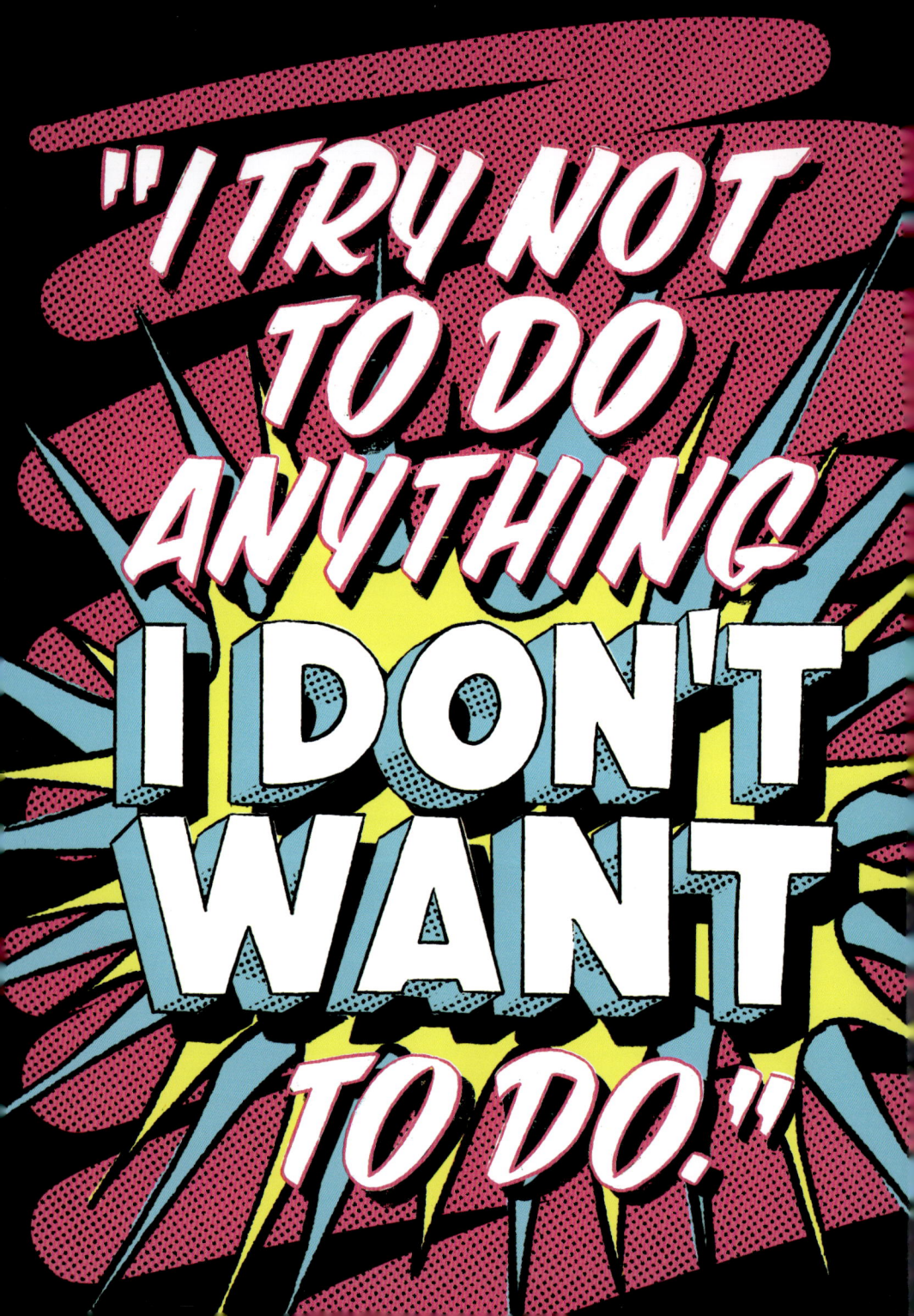

SEI EHRLICH ZU DIR SELBST.

Viele Menschen verbringen ihre Tage auf der Arbeit, verschicken passiv-aggressive Mails, kriechen ihren Chefs in den Hintern und tun praktisch alles, um irgendwie durchzukommen. Vor vielen, vielen Monden (bekannt als die 80er) konnte man einen jungen Keanu dabei beobachten, wie er Coca-Cola und Kellogg's Corn Flakes verschlingt, doch diese Zeiten sind lange vorbei. Der reife Keanu ist ein Mann voller Integrität. Einmal bot Hollywood ihm ein hohes Honorar, um noch einmal in seine Rolle aus *Speed* zu schlüpfen. Er lehnte ab, um den Hamlet in einem regionalen Theater in Winnipeg, Kanada, zu geben. Einige Jahre später sagte er: „An Geld denke ich ganz zuletzt." So hat er schon mehr Zeit darüber nachzudenken, wie dein Haar im Sonnenlicht glänzt.

„ICH VERMEIDE ES, DINGE ZU TUN, DIE ICH NICHT TUN MÖCHTE."

DER WEG ZU KEANUS HERZEN GEHT DURCH SEINEN MAGEN.

Schleife die Messer und melde dich für den Kochkurs an, der schon immer auf deiner To-Do-Liste stand: Jetzt ist deine Zeit zu glänzen. Falls du eine Liste über die Dinge schreiben willst, die Keanu tut und nicht tut, kannst du nämlich genau eines auf die rechte Liste setzen: kochen. Auf der Linken sind Dinge wie, dass er sehr viel Geld spendet, phänomenal in einem Anzug aussieht und der „König des Respekts" im Internet ist. Diesen Titel bekam er, weil er sich mit Frauen ablichten ließ, ohne sie zu berühren. Aber als seine bessere Hälfte bekommst du bestimmt eine richtige Umarmung, wenn du vorschlägst, mit ihm auf den Markt zu gehen und Zutaten für sein Lieblingsgericht zu kaufen: Caesar Salad mit Anchovies, einem Baguette, Tomatensuppe und etwas reifem Cheddar. Und ein gutes Steak am Knochen mit Stampfkartoffeln und Rahmspinat.

„ICH KOCHE NICHT. ICH WÜNSCHTE, ICH WÜRDE ES. ABER ICH MACH'S NICHT"

NEIN, KEANU, *DU BIST'S!*

Fans auf der E3, der Electronic Entertainment Expo, sind während Keanus *Cyberpunk-2077*-Präsentation völlig ausgerastet, als ein Fan rief: „Du bist atemberaubend!" Keanus Antwort war magisch. Er zeigte auf den Fan und rief zurück: „*Du* bist atemberaubend!" Doch das war noch nicht alles. Er breitete seine Arme aus und wiederholte diese schöne Worte gegenüber dem ganzen Publikum. Keanu ist als der netteste Typ Hollywoods bekannt und es fühlt sich so an, als hätte jeder eine persönliche Geschichte über den Schauspieler mit dem Herz aus Gold. Octavia Spencer war auf dem Weg zu einem Casting, als ihr Auto liegenblieb. Niemand hielt an, um ihr zu helfen. Zumindest nicht, bis sie unser Ritter mit glänzendem Motorradhelm entdeckte. Man hat ihn auch schon gesehen, wie er seinen Sitzplatz für andere Gäste hergab und sogar einen ganzen Bus voller gestrandeter Flugzeugpassagiere auf einer Fahrt von mehreren hundert Kilometern zum Flughafen von Burbank unterhielt. Außerdem soll er für *Im Auftrag des Teufels* auf einen Teil seiner Gage verzichtet haben, damit Al Pacino engagiert werden konnte. Keanu ist der Held von Hollywood und beweist, dass die netten Jungs nicht immer das Nachsehen haben.

„DU BIST ATEMBERAUBEND."

LIEBE STIRBT NIEMALS.

Vielleicht ist die einzige Schwäche deines Freundes, dass er nicht ewig leben wird. Aber sag das nicht dem Internet. Es darf beim Erwachen der *Keanusance* nicht einfach zusammenbrechen. Tatsächlich scheint Keanus Gesicht über dreißig Jahre hinweg verdächtig unverändert. Es gibt sogar eine ganze Website, die sich dem Beweis von Keanus angeblicher Unsterblichkeit widmet. Die Seite hat historische Portraits, manche ein Jahrtausend alt, die sein tolles Gesicht als Beweis zeigen. Traurigerweise hat Keanu die Theorie selbst widerlegt. Aber vergiss nie das unglaubliche Potential von Rufus' Telefonzellenzeitmaschine! Und es ist schwer zu glauben, dass ein normaler Sterblicher auf eine schwierige Frage von Stephen Colbert in der Late Night Show mit so viel Sanftmut antworten konnte. Colbert: „Was glaubst du passiert, wenn wir sterben, Keanu Reeves?" Reeves: „Ich weiss, dass uns die, die uns lieben, uns sehr vermissen werden."

„ICH BIN (LEIDER) NICHT UNSTERBLICH."

CONTRIBUTOR BIOS

Marisa Polansky

MARISA POLANSKY

ist eine Autorin und die Mitgründerin von „Speech Tank", einer Agentur, die Reden für verschiedene Anlässe schreibt. Sie lebt in Brooklyn, New York.

VERONICA CHEN

ist eine Tattookünstlerin und Illustratorin aus New York. Sie zeichnet auf Haut, Papier und anderen Oberflächen. Wenn sie nicht arbeitet, reist sie gerne und versucht sich an ihren vielen DIY-Projekten.

Veronica Chen

Graham Burns

DIRTY BANDITS

(aka Annica Lydenberg) ist eine Artdirektorin, Grafikerin und Wandmalerin die mit Agenturen und Marken zusammenarbeitet, um noch authentischere Produkte und Kampagnen zu erschaffen. Die Arbeit von Dirty Bandits bestärkt Annicas Tiefe Bewunderung für Schriftarten, ihre Interesse in Geschichten und Hingabe für Marken und Individuen, die für einen guten Zweck arbeiten. Annica lebt in Brooklyn, New York.

MARY KATE MCDEVITT

Fred DiMeglio

erstellte schon viele Handletterings und Illustrationen für Kunden wie Target oder Chronicle Books, Smucker's und Macy's. Sie ist auch die Autorin und Illustratorin des *Hand-Lettering Ledger, Illustration Workshop* und *Every Day is Epic*. Mary Kate lebt in Philadelphia, Pennsylvania, mit ihrer Katze Peppy Mew Mew und ihrem alten Hund, Fritz.

JAY ROEDER

Dr. Nicole Roeder

ist ein Handlettering-Künstler, Illustrator und Autor. Jays Kund sind unter anderem National Geographic, Hilton, American Greetings, Subway, Ray-Ban, Nike und Facebook. Jay ist der Autor und Illustrator von *100 Days of Lettering* und *Lettering Alphabets & Artwork*. Er arbeite in einem Studio in seinem Zuhause in Minnesota mit seinen zwei Möpsen, die auf seinem Schreibtisch sitzen, während er nachdenkt.

QUELLENANGABEN

"I'm just a normal guy" and "You're always fighting for a career.": Davis, Johnny, "The Esquire Interview: Keanu Reeves," *Esquire*, December 11, 2017, www.esquire.com/uk/culture/film/a13033/keanu-reeves-john-wick-2-interview/. • "I can move around the world pretty freely....": Fleming, Michael, "The Playboy Interview: Keanu Reeves," *Playboy*, April 2006, http://www.whoaisnotme.net/articles/2006_04xx_kea.ht • "This has been an amazing journey.": Associated Press, "Keanu Reeves Gets Star on Walk of Fame," TODAY.com, February 1, 2005, www.today.com/popculture/keanu-reeves-gets-star-walk-fame-wbna6892728 • "I'm still in love with acting and the movies.": Marchese, David, "Keanu's Excellent Directing Adventure *New York Times*, October 18, 2013, www.nytimes.com/2013/10/20/movies/keanu-reeves-was-actor-a-director-for-man-of-tai chi.html?searchResultPosition=1. • "Baby. I've missed you. I've missed you much....": Nahnatchka Khan, dir. *Always Be My Maybe*. 2019; Los Gatos, CA: Netflix, released May 29, 201 https://www.netflix.com/title/80202874. • "With age comes experience, or with experience comes age. O of the two.": "Keanu Reeves Admits He Struggles with Action Films Now He's 50." *Irish Examiner*, Mar 25, 2015, https://www.irishexaminer.com/breakingnews/entertainment/keanu-reeves-admits-he-struggl-with-action-films-now-hes-50-669063.html. • "It's fun to be hopelessly in love. It's dangerous, but i fun.": Fischer, Paul, "Keanu Plays Doctor New Romantic Comedy," Film Monthly, November 30, 200 http://www.filmmonthly.com/Profiles/Articles/KReevesSomethingsGotta/KReevesSomethingsGotta.htm "I don't get out much.": Keanu Reeves, interviewed by Ellen DeGeneres, *The Ellen Show*, May 17, 201 https://www.youtube.com/watch?v=waY6FwOd9eM. • "...an ice-cold glass of chocolate milk...," "Life good when you have a good sandwich," "A hot pastrami sandwich...," "Is reading a hobby?" "I don't cook wish I did. But I don't," "Caesar salad...," "I'm not immortal (unfortunately).": "Keanu Reeves—HELLO Reddit, October 13, 2014, https://www.reddit.com/r/IAmA/comments/2j4ce1/keanu_reeves_hello/. • "...staying home alone on...New Year's Eve...": Keanu Reeves, interviewed by Graham Norton, *The Graha Norton Show*, February 10, 2017, https://www.youtube.com/watch?v=bctDr8ePsdU. • "...he likes to pull o his records and DJ until four in the morning...": "Keanu Reeves' late DJ sessions," Bang Showbiz, April 1 2019, https://www.msn.com/en-ph/entertainment/celebrity/keanu-reeves-late-dj-sessions/ar-BBVXvJ "Grief changes shape, but it never ends" and "After loss, life requires an act of reclaiming....": Rade Dotson, "'I Don't Want To Flee From Life,'" *Parade*, June 11, 2006, http://www.whoaisnotme.n /articles/2006_0611_ido.htm. • "happy-go-lucky guy.": Stern, Marlow, "Keanu Reeves on 'Man of Tai Ch 'Bill & Ted' & 'Point Break,'" Daily Beast, updated July 11, 2017, www.thedailybeast.com/keanu-reeves-c-man-of-tai-chi-bill-and-ted-and-point-break. • "We're all stardust, baby.": Wiese, Jason, "Is Kean Reeves Immortal? A Very Serious Fan Theory Investigation," CinemaBlend, June 21, 2019, www.cinemablend.com/pop/2475383/is-keanu-reeves-immortal-a-very-serious-fan-theory-investigation. • believe that everyone has to search for and find his or her own answer.": Blair, Richard, "Keanu Reeve Interview," ed. Anakin McFly, trans. Makee, *Penthouse* (Germany), March 2002, http://www.whoaisnotm.net/articles/2002_03xx_kea.htm. • "I like a tough day.": "Keanu Reeves: Work Drives Me," *People* (Sout Africa), April 8, 2015, http://www.whoaisnotme.net/articles/2015_0408_kea2.htm. • "...performed 9 percent of the action...": Burwick, Kevin, "How Much Stunt Work Does Keanu Reeves Really Do in the Joh Wick Movies?" Movieweb, May 13, 2019, movieweb.com/john-wick-3-keanu-reeves-stunt-work-video/. "...the director warned him against the treacherous jump...": Miller, Leon, "20 Crazy Details Behind th Making of *Speed*." ScreenRant, September 4, 2018, screenrant.com/speed-movie-behind-scenes-detail-making-trivia/. • "I try not to do anything I don't want to do.": Freeman, Hadley, "Keanu Reeves: 'Grief an Loss, Those Things Don't Ever Go Away,'" *Guardian*, May 18, 2019, www.theguardian.com/film/201 /may/18/keanu-reeves-grief-loss--bill-ted-john-wick-actor-tragedy. • "Money is the last thing I thin about.": Ebersole, Leo, and Curt Wagner, "'Money Is the Last Thing I Think...'" *Chicago Tribune*, May 30 2003, www.chicagotribune.com/news/ct-xpm-2003-05-30-0305310043-story.html. • "You're breathtaking!' Yam, Kimberly, "Just Keanu Reeves Telling A Crowd 'You're All Breathtaking,'" Huffington Post, June 10 2019, www.huffpost.com/entrykeanu-reeves-breathtaking-e3_n_5cfe898fe4b0aab91c09b3d0. Stephe Colbert and Keanu Reeves quotes: Donaghey, River, "Keanu Reeves Told Stephen Colbert What Happen When We Die," Vice, May 13, 2019, www.vice.com/en_us/article/3k3k3w/keanu-reeves-told-stephe-colbert-what-happens-when-we-die.

Copyright © 2019 by Hachette Book Group
Illustrations copyright © 2019 by Hachette Book Group

Illustrations on cover, endpapers, title page (page 1), and pages 4, 14, 24, and 34 by Jay Roeder; illustrations on pages 6, 12, 22, and 28 by Dirty Bandits; illustrations on pages 8, 18, 26, and 30 by Veronica Chen; illustrations on pages 10, 16, 20, and 32 by Mary Kate McDevitt

Cover design by Christina Quintero. Cover copyright © 2019 by Hachette Book Group, Inc.

Hachette Book Group supports the right to free expression and the value of copyright. The purpose of copyright is to encourage writers and artists to produce the creative works that enrich our culture.

The scanning, uploading, and distribution of this book without permission is a theft of the author's intellectual property. If you would like permission to use material from the book (other than for review purposes), please contact permissions@hbgusa.com. Thank you for your support of the author's rights.

Die deutsche Ausgabe wird herausgegeben von
Cross Cult / Andreas Mergenthaler, Teinacher Straße 72,
71634 Ludwigsburg, Übersetzung: Michael Schuster,
Redaktion: Ludwig Bremauer, Druck: Hagemayer, Wien

www.cross-cult.de

Dezember 2019

ISBN: 978-3-96658-060-1

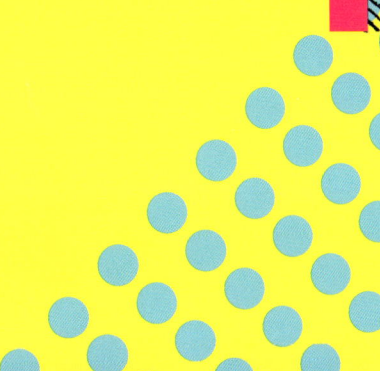